AF586431

2e Année. — N° 9. 15 centimes. Janvier 1901.

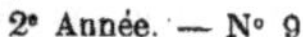

L'HYGIÈNE des SPORTS

Revue Mensuelle Sportive, Médicale et Littéraire

Rédacteur en chef :

Docteur MAISTRE

Adresser toutes communications à M. le Directeur

ADMINISTRATION ET RÉDACTION
13, rue de Poissy, PARIS

ABONNEMENTS
FRANCE : Un An 1 fr. — ÉTRANGER : 5 fr.

AVIS AUX SPORTSMEN

Nous insérons, toutes les offres de ventes, achats et échanges concernant les bicycles, tricycles, motocycles, automobiles, fusils, chiens de chasse, etc.

L'HYGIÈNE DES SPORTS est tirée à 20,000 exemplaires chaque mois.

L'HYGIÈNE DES SPORTS est à la disposition de ses abonnés et lecteurs pour acheter en leur nom, A DES CONDITIONS SPÉCIALES, les meilleures marques de cycles, motocycles et automobiles, fusils, etc.

Écrire au Directeur de L'HYGIÈNE DES SPORTS, 13, rue de Poissy, Paris.

OBSERVATIONS

SUR LE

PEPTO-KOLA

Monsieur Robin,

Ma fille s'est très bien trouvée de votre pepto-kola.

Dr L. MAFFRE DE FONTJOYE,
16, rue Massol, à Béziers.

Monsieur Robin,

Une grippe infectieuse qui m'a tenu malade quelque temps a été combattue avantageusement par votre pepto-kola, que je recommande tous les jours avec insistance.

Dr ROMEC,
Cajare (Lot).

Monsieur Robin,

J'ai employé votre pepto-kola Robin pour mon usage personnel à la suite de grippe et j'en ai été très satisfait.

Dr POURTIER,
Ebreuil (Allier).

Monsieur Robin,

J'ai obtenu de si excellents résultats chez mes petites orphelines avec vos préparations, que je viens vous demander pour elles un nouveau flacon de votre pepto-kola.

Dr LANDRY,
Amboise (Indre-et-Loire).

Monsieur Robin,

Votre pepto-kola me rend de grands services pour les convalescents de notre hôpital.

Je vous en remercie.

Dr MARQUÉZY,
Neufchâtel-en-Bray.

Monsieur Robin,

Je suis très satisfait de l'emploi du pepto-kola Robin dans les cas d'anémie.

Vos produits sont facilement acceptés et bien tolérés par les malades.

Veuillez agréer, Monsieur, avec mes remerciements, l'expression de mes sentiments distingués et tout dévoués.

Dr ROBERT,
Verdun, 25 mai 1899.

Monsieur Robin,

Tous les malades auxquels j'ai prescrit votre pepto-kola s'en sont admirablement trouvés, et le préfèrent à beaucoup d'autres préparations similaires. Aussi je le considère comme une des spécialités les plus bienfaisantes et les plus dignes de recommandation de la part du corps médical.

Dr A. JUVIGNY,
Chouzé (Indre-et-Loire).

Monsieur Robin,

J'ai prescrit le pepto-kola Robin dans un cas de dyspepsie qui ne permettait pas à un malade de s'alimenter suffisamment. Après quatre jours de traitement, les fonctions de l'estomac se sont rétablies et les forces sont revenues.

Dr ANDRIEUX,
Casseneuil, le 20 mai 1899.

Monsieur Robin,

Je suis toujours de plus en plus satisfait des bons résultats que me donne votre excellent pepto-kola, je suis fort heureux de vous en féliciter.

Dr F. LYONS,
Cotignac, le 27 mai 1899.

2e Année. — N° 9. 15 centimes. Janvier 1901.

L'Hygiène des Sports

REVUE MENSUELLE SPORTIVE, MÉDICALE ET LITTÉRAIRE

LE FLACON DU TOURISTE

Offert GRATUITEMENT et envoyé FRANCO à tous nos lecteurs.

Avant le départ, prendre un verre à liqueur de PEPTO-KOLA, *c'est s'assurer contre toute défaillance possible.*

Pour une longue excursion, on peut emporter le coquet flacon du Touriste offert GRATUITEMENT *et envoyé* FRANCO *à tous nos lecteurs.*

De forme élégante, muni d'un gobelet en métal très commode, d'un bouchon en buis, et protégé contre les chocs inévitables par la gaîne en fer-blanc qui l'enveloppe, le flacon du Touriste, réduction du flacon de vente, contient six doses de PEPTO-KOLA *et représente trois jours de prévoyance contre la faiblesse ou les accidents.*

Détacher notre Bon gratuit à la dernière page et nous l'adresser à nos bureaux, 13, rue de Poissy, pour recevoir le flacon du Touriste.

Pour UN FRANC
Par An
ABONNEZ-VOUS A
L'Hygiène des Sports

L'HYGIÈNE DES SPORTS s'adresse à tous ceux qui s'intéressent au développement physique de la race française et au progrès de l'éducation virile et martiale de la jeunesse.

Instruire, intéresser et conseiller, telle est la devise de ce journal dirigé par un médecin. De bon ton, rédigé avec un soin particulier et d'une lecture facile, il peut être laissé dans toutes les mains.

L'HYGIÈNE DES SPORTS publie chaque mois des études sur les nouvelles découvertes et sur les manifestations sportives susceptibles de quelque enseignement. Elle s'occupe de tous les Sports; elle accueille tous les manuscrits que lui envoient ses lecteurs et les publie entièrement ou en partie selon l'intérêt qu'ils présentent au double point de vue Sportif et Hygiénique.

L'HYGIÈNE DES SPORTS donne chaque mois une prime gratuite.

L'HYGIÈNE DES SPORTS accorde à chaque abonné d'un an *une insertion de 10 lignes de publicité* à titre gracieux.

LES SPORTS D'HIVER

L'horrible saison que nous traversions ! De la pluie, du brouillard, une humidité perfide qui glace les os et réveille les rhumatismes en sommeil.

Alliez-donc pédaler avec ce temps ! Maintenant le froid sec va nous permettre de remonter en selle et de goûter aux douces caresses de la brise.

Les chevaliers de l'auto sont plus heureux. Emmitouflés, guidon en mains, ils se soucient peu de la saison, et à voir la quantité de voitures sans cheval qui circulent dans nos rues, il semblerait que le soleil d'Austerlitz de la fée bicyclette s'assombrit.

Ce n'est assurément qu'une éclipse momentanée. Revienne avril et nous verrons reparaître. brillantes et fines, sur les vélodromes et les grandes routes, nos reines d'acier.

Le sport du moment, c'est la lutte. Les premières tentatives furent peu heureuses. Ces athlètes de carrefour, bateleurs de foires exhibant leur musculature entre deux parades clownesques n'étaient pas sérieux. De plus, le milieu spécial et peu respectable où ils se produisaient, la clientèle interlope qui ne pouvait apprécier leurs matches comme des contestes sérieux, mais uniquement comme des exhibitions de chairs débordantes ou de phénoménales structures — tout, disons-le, contribuait à tenir éloignés de la lutte les amateurs de sport vrai. D'ailleurs, ces lutteurs habitués aux victoires faciles remportées sur des adversaires complaisants, — qu'ils appellent compères dans leur argot d'entresort — abusaient de la crédulité et de la patience du public.

Aujourd'hui, il y a réaction. Les épreuves sont réglementées, l'arbitre sévère et le speaker peu disposé à la plaisanterie.

Au Casino de Paris, à l'Hippodrome, les séances se suivaient et les résultats des rencontres ne pouvaient être discutés. On doit beaucoup à Frantz Reichel pour les magnifiques performances qu'il offrit aux spectateurs attentifs du Casino où se disputa chèrement le 3e Championnat du monde.

Il a su réunir un lot des premiers hommes de l'arène. Le turc Cotch Mehmet qui a succombé, sans être battu, après une lutte de deux heures avec Constant le Boucher. Celui-ci, Laurent le Beaucairois, Lassartesse, Omer de Bouillon, Vandenberg et Weber sont de vrais lutteurs, vaillants au combat, souples et travailleurs, courageux et ardents. C'est plaisir à les voir dans la lice s'entreprendre, jouer les ceintures arrière, coups de reins, se massant ; tirades à la nuque, étreintes et tours de hanches.

Souhaitons que les amateurs entrent dans la carrière avant la disparition de leurs aînés.

Au point de vue de l'hygiène et du développement musculaire, on ne saurait trop insister sur le bénéfice moral et physique que des jeunes hommes peuvent retirer de la lutte romaine. Bicyclette, football, cricket, rowing développent jarrets et biceps ; dans la lutte, tous les muscles remplissent une fonction, s'exercent, se développent à l'avantage du corps entier. Point n'est besoin de violences, un jeu savant et souple, appuyé d'une résistance opiniâtre suffit à vaincre un adversaire même plus fort physiquement.

L'hippodrome de Paris, ce large et bel établissement déjà bien connu des sportsmen, a terminé sa saison sportive.

C'est par un meeting qu'elle fut inaugurée, le meeting de Noël, qui se déroula du samedi 22 décembre au samedi 29 décembre.

Le programme du meeting était élaboré d'une façon intelligente ; nous pouvons même en rappeler les grandes lignes. — Huit mille francs de prix ont été distribués aux concurrents des différentes épreuves.

Le programme du meeting a été constitué par les divers sports chers au public parisien.

Nous avons eu :

En vélocipédie, le Grand Prix de Noël, course de vitesse ; le Grand Prix d'ouverture, course de fond ; une course de primes, et une course-poursuite avec 3,600 francs de prix au total.

En football, deux matches, l'un d'association, l'autre de rugby, comptant l'un et l'autre pour deux épreuves régulières qui sont, l'une le Championnat de la Seine (Association), l'autre la Coupe de Paris (Rugby). A ces deux concours ont été consacrés 3,600 francs de prix.

En sport hippique, un championnat triple du saut pour amateurs, avec 3,000 francs de prix pour ce seul tournoi. Ce championnat comprendra le saut en hauteur, le saut en largeur, le saut d'obstacles de chasse. Le classement sera fait d'après les points acquis dans ces trois sauts.

Le reste du programme sera complété par des épreuves athlétiques (une course de 110 mètres haies), et des épreuves de sport gai, les unes et les autres dotées de prix en espèces ou d'objets d'art.

Et voilà que le jouet, ce faiseur de gloire devient automobiliste et cycliste. Notre confrère le *Vélo* avait demandé à ses lecteurs de lui indiquer les objets de ce genre qu'ils pourraient rencontrer au cours de leurs déambulations parisiennes. De partout ils affluèrent les petits jouets de l'auto et du cycle, tranquillité des parents, joie des enfants. En voici une courte énumération :

Une superbe automobile mécanique, métal peint, roues caoutchoutées, glace à l'avant, longueur 0 m. 22, pour 3 fr. 90.

Un buggy automobile mécanique, métal peint, roues caoutchoutées, glace à l'avant, 11 fr. 50 et 15 fr. 50, suivant la longueur (0 m. 25 et 0 m. 30).

Une « automobile vivante » parcourant mécaniquement et à volonté des trajets différents. Caisse métal, décor soigné. Roues caoutchoutées, deux longueurs : 0 m. 28 et 0 m. 36 (ce dernier avec capote) 19 fr. 50 et 20 fr. 50.

Une automobile mécanique pour enfants de 8 à 10 ans, caisse bois, peinture fine, carrosserie soignée, capiton intérieur, frein, lanternes, corne d'appel ; longueur 1 mètre. Enlevé à 63 francs.

Un tricycle-voiturette, caisse rotin couleurs, roues caoutchoutées, 3 tailles, 0 m. 50 (6 ans), 0 m. 55 (8 ans), 0 m. 60 (10 ans), pour 49, 55 et 62 francs.

Un cab automobile mécanique, métal décoré, roues fer, 3 fr. 50.

Une automobile mécanique de course, 24 chevaux, métal peint, double direction, longueur, 0 m. 20, 3 fr. 90.

Une automobile forme Duc avec galerie, actionnée par des pédales, 110 francs.

Une wagonnette automobile mécanique, fer peint, banquettes recouvertes drap, roues caoutchoutées, deux chauffeurs costumés, mouvement à crémaillère, longueur 0 m. 40, 15 fr. 50.

Un pâtissier-livreur sur tricycle, porteur mécanique, habillage riche, longueur 0 m. 25, 11 fr. 75.

Une automobile métal colorié, mécanique, longueur 0 m. 17, 2 fr. 75.

∴

Autre jouet sportif vu sur les grands boulevards.

Deux lutteurs habillés, l'un en Boer, l'autre en Anglais, mus par une simple ficelle, luttent désespérément. Les deux rivaux se livrent à une véritable partie de bourre au cours de laquelle ils réalisent les coups les plus classiques pour finir par se tomber à plat sur les deux épaules après une série de contorsions véritablement humaines.

Que les mamans nous excusent si nous livrons cette liste à la sportive tentation de leurs enfants. Au lendemain du Jour de l'An, il fallait bien conclure avec un sujet d'actualité.

Et puis, l'industrie des jouets est trop parisienne et trop française pour ne pas être encouragée.

Jean KINAPPE.

LA LIQUEUR DU SPORTSMAN

Cycliste, Chasseur ou Touriste.

Du Pepto-Kola

Il est de notoriété courante que les animaux coureurs sont sobres par excellence; l'exemple du chameau est présent à tous les esprits. Ceux qui ne sont point sobres par instinct sont rendus tels par le régime qu'on leur impose ainsi qu'il arrive pour le cheval de course.

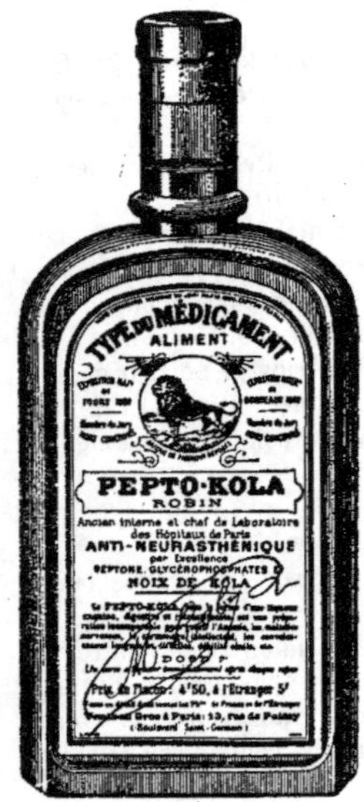

En sa qualité d'animal raisonnable, l'homme a dû se soumettre à cette formule, chaque fois qu'il a voulu devenir, sous une forme ou une autre, un coureur dans le bon et le vrai sens du mot. Pour soutenir une marche rapide, une course prolongée, il faut donc boire peu, le moins possible. Il y a beau temps que les professionnels de la marche se sont imposé cette règle.

Il faut cependant boire quelque chose. Ce n'est donc pas une question oiseuse que celle qui se pose dans ces termes : Quelle est la boisson idéale du touriste?

Quand un cheval doit fournir un travail exceptionnel, sous forme d'une course à la fois rapide et prolongée, on ne se contente pas toujours de lui forcer sa ration d'avoine — l'avoine est à la fois un *aliment* et un *excitant* pour le plus noble des coursiers — on lui fait absorber, en outre, une boisson excitante, en lui administrant du pain trempé dans du vin blanc, sous forme de champagne. Des pratiques de ce genre ont cours parmi les vélocipédistes qui s'entrainent à franchir de grandes distances, mais la nature de la boisson stimulante varie suivant les goûts et les habitudes. Les uns préfèrent le café noir, d'autres le vin blanc ou le bon bordeaux, d'autres un jaune d'œuf battu dans du madère; d'autres s'en tiennent au bouillon ou au lait. Le jaune d'œuf battu dans du madère mérite une mention spéciale ; c'est un breuvage à la fois *stimulant, tonique et alimentaire*, c'est-à-dire qu'il remplit les trois qualités exigibles d'une boisson destinée aux touristes.

En effet, le touriste en train de fournir une longue course exige de ses muscles un effort extraordinaire comme durée et comme somme de travail ; au surplus, le muscle ne se contracte pas sans l'intervention du système nerveux. On conçoit donc l'utilité sinon la nécessité d'un stimulant qui agisse sur les muscles et les nerfs, en maintenant l'excitabilité de ces organes au delà de sa durée habituelle. L'alcool de bonne qualité, pris à faible dose, et à des intervalles éloignés, produit ce résultat. Mais quand les muscles et les nerfs fonctionnent d'une façon démesurée, ils se dénourrissent en conséquence. Nous connaissons des produits végétaux, tels que le café, le thé qui, tout en stimulant les nerfs et les muscles, restreignent leur usure; c'est pourquoi on a nommé ces produits des *antidéperditeurs* ou des *agents d'épargne*.

De tous les antidéperditeurs que nous connaissons, le plus actif est la *noix de kola*, originaire de l'Afrique, qui a sur le café et le thé l'avantage de ne pas empêcher le sommeil. Les préparations à base de kola ont donc été vantées à juste titre pour les services qu'elles sont susceptibles de rendre aux sportsmen. Encore faut-il qu'elles soient authentiques, c'est-à-dire fabriquées avec des vraies noix de kola et avec des noix fraîches, ce qui est rarement le cas.

Suffit-il de fournir un stimulant aux muscles et aux nerfs, et de réduire l'usure de ces organes à un minimum chez une personne qui produit une somme considérable de travail musculaire, non pas une fois par hasard, mais plusieurs jours de suite et souvent? Non; il faut encore lui fournir des aliments qui soient très nourrissants, très substantiels, sous un faible poids et sous un faible volume, des aliments concentrés. Le type de ces aliments est la *peptone*, c'est-à-dire le produit de la digestion artificielle de la viande. Une liqueur qui contient de l'alcool de bon goût et de premier choix, qui renferme en outre de la peptone et de l'extrait de kola *préparé avec des noix de provenance directe* remplira donc les conditions exigibles d'une boisson alimentaire destinée aux sportsmen ? Non pas toutes.

Dans les circonstances ordinaires, tous nos organes se dénourrissent dans une proportion fixe; ils trouvent les matériaux nécessaires à leur réparation dans les peptones et autres produits digestifs que fabriquent l'estomac et l'intestin. Chez le travailleur intellectuel, qui fatigue son cerveau, chez le marcheur qui impose à ses muscles une tâche exagérée, c'est surtout la matière nerveuse et la matière musculaire qui s'usent et se dénourrissent. Cette matière est riche en phosphore qui apparaît dans les urines à l'état de phosphates. Le touriste a donc besoin d'un supplément de phosphates, dans son alimentation. Il y avait donc nécessité d'adjoindre des phosphates à la peptone et à l'extrait de kola, dans une boisson qui lui était destinée. Ces différents principes se trouvent précisément réunis dans le *pepto-kola* Robin, liqueur d'un goût délicieux, qui est de plus un tonique du cœur.

La question que nous avons posée au début de cet article peut donc être considérée comme définitivement tranchée. Le *pepto-kola* Robin est par excellence la liqueur de tous ceux qui se livrent à des exercices violents et qui veulent éviter une trop grande lassitude dangereuse pour la santé.

Il suffit de l'expérimenter une seule fois pour renoncer aux « liqueurs de fantaisie » — oh combien ! — de nos distillateurs. Tous les sportsmen qui l'ont employé savent qu'on ne peut comparer le *pepto-kola* aux breuvages ordinaires qui portent des noms aussi baroques que leur composition. C'est pourquoi nous avons décidé M. Robin à offrir gratuitement à nos lecteurs un élégant flacon de poche avec un gobelet en métal qui sera cette saison, comme l'an dernier, le flacon du touriste, l'élixir qui stimule le système nerveux sans l'épuiser et donne aux muscles la vigueur nécessaire a ceux et à celles qui veulent avoir, selon l'expression admise, « du cœur à la course ».

DOCTEUR MAISTRE.

Le PEPTO-KOLA ROBIN se trouve dans toutes les bonnes pharmacies. L'exiger pour l'obtenir.

La Boxe en Angleterre.

Je viens d'assister à un grand concours de boxe au National Sport's club, auquel ont pris part seize amateurs pesant chacun soixante-trois kilos, et venus là pour gagner un prix de cinq livres sterling, dont l'obtention doit coûter au gagnant une série de cinq victoires consécutives. Aux fauteuils d'honneur je remarque les noms de lord Londsdale, ami intime de Guillaume II, de sir George Chetwynd, de sir Q. Wornbwell et de plusieurs autres membres de l'aristocratie.

Dans la salle, une assistance énorme, composée de médecins, d'avocats, de juges, de financiers, princes du dollar et ducs de la livre sterling.

Le fond de la vaste salle est réservé aux concurrents et à leurs amis Tous sont coiffés de casquettes sombres et tous affectent un mépris complet de tout linge. Le col est remplacé par un mouchoir voyant, qui cache à peine les muscles énormes du cou tendu vers l'arène entourée de cordes, où deux êtres humains vont bientôt rouler, méconnaissables, confondus dans une même masse de chairs meurtries d'où jaillira leur sang à pleins flots. Des applaudissements frénétiques annoncent l'entrée en scène du premier couple. Nus jusqu'à la taille, vêtus d'un caleçon et d'une paire de souliers, et portant des gants du poids de quatre onces, ils prennent leur place aux coins opposés du rectangle où se trouvent leurs seconds, deux champions en retraite armés chacun d'un seau d'eau, d'une éponge et d'une serviette.

Le juge donne le signal et la fête commence. Le premier tour est calme, chaque concurrent essayant d'éviter les coups de son adversaire en effectuant des sauts de côté, des bonds en avant et en arrière qui prouvent une agilité surprenante. Au premier sang, la tactique change ; l'homme touché voit rouge et semblable au taureau piqué par la première *banderilla*, il se rue aveuglément sur son adversaire qu'il envoie rouler à l'autre bout de l'arène. Le juge crie *time* pour lui donner le temps de se relever, mais il est à peine sur ses pieds que son rival lui administre un coup formidable sous le cœur, qui le fait chanceler et choir une seconde fois. La séance est suspendue et les seconds épongent les gladiateurs modernes, en leur faisant avaler quelques gouttes d'eau, et les éventent avec la serviette. Le coup de sonnette les ramène au centre du « ring », mais cette fois ils ne sautent ni ne bondissent. Meurtris et tuméfiés, l'œil fixe, mais morne, ils délivrent des coups lents, cherchant le point vulnérable Il est bientôt trouvé, car une omoplate frappée au premier tour cède enfin à un deuxième effort, et le sang coule avec profusion. L'homme blessé se redresse et, excité par la douleur aiguë, se jette sur son adversaire qui à son tour tombe sous ses coups, saignant du nez, de la bouche et des oreilles. Ils roulent ensemble, on les dégage, ils se relèvent et frappent encore : leurs yeux ont disparu, leurs nez, leurs traits n'existent que pour mémoire, ils ne savent ce qu'ils font, mais ils frappent toujours.

Leurs bras font le moulinet, leurs coups ne portent plus, ils se rapprochent l'un de l'autre, se prennent au cou d'un bras, tandis qu'avec l'autre, ils continuent mollement l'œuvre de défiguration déjà complète. Un dernier effort et ils se dégagent faute de forces, pour aller rouler vers la corde, où ils gisent inertes, haletants, saignants, informes. La joute est finie, la foule trépigne de joie, les seconds, fiers de leurs champions les emportent avec l'aide de nombreux sportsmen ; on sable l'arène, le juge annonce un second couple qui entre, salue, se bat et va rouler à son tour aux applaudissements frénétiques de l'assemblée.

Les courses de taureaux sont défendues en Angleterre et honnies et conspuées par tout Anglais qui se respecte.

N. B. — Le prix d'admission (par ballottage), au National Sport's club est de 500 francs, et l'abonnement annuel de 150 francs. Il y a de nombreux candidats qui briguent l'honneur d'en devenir membres.

BICYCLETTES et AUBERGISTES

Ils revivent, les hôteliers, depuis que la bicyclette a fait son apparition. Lorsque les chemins de fer furent créés, ils n'étaient plus rois : les routes furent aussitôt désertées. Les diligences ne s'arrêtaient plus devant leurs établissements. Le type de l'aubergiste avait disparu, emporté dans le tourbillon fumeux des locomotives.

Considérez ce que c'est qu'un hôtel meublé aujourd'hui, et comparez-le à l'hôtellerie d'autrefois : on ne dirait pas que c'est le même commerce, qui consiste à donner à manger aux passagers.

Eh bien, elle est en train de renaître, l'ancienne et pittoresque hôtellerie !

Par un retour ordinaire aux choses humaines, elle reparaît peu à peu. Parcourez les campagnes, la vieille auberge se ranime, l'éclat de ses marmites renaît.

Qui est-ce qui opère cette résurrection ? C'est la bicyclette.

Par les jours au ciel sans nuages qui pousse le cycliste à faire provision d'un peu d'air frais, passez dans quelque petite ville et arrêtez-vous devant un hôtel. Dans la cour et dans les écuries, une partie des chevaux a fait place à un essaim de bicyclettes qui, entassées, luisent comme des instruments de chirurgie.

Entrez dans la salle à manger, vous y verrez des cyclistes en tricot blanc et en culotte beige.

Le chemin de fer isole les voyageurs. On passe plusieurs heures dans un wagon sans échanger un mot avec son voisin.

Sur la route, un cycliste n'hésite pas à arrêter un collègue qu'il croise pour lui demander son chemin ou emprunter sa clef. On fait connaissance, on roule l'un à côté de l'autre et l'on se rafraîchit à l'auberge que l'on rencontre.

L'hôtelier maigrissait devant sa façade délabrée que visitaient seulement de temps en temps les gens du pays.

Dans les nuages de poussière apparaissent les touristes. Les rayons de bicyclettes, dans leur évolution rapide, brillent comme un disque d'acier.

Les voyageurs arrivent à foison, fatigués, altérés et affamés, dans les meilleures conditions requises pour plaire à un aubergiste diligent.

Certes, l'apparition de la bicyclette est un événement qui n'est pas pour déplaire à cette branche du commerce ainsi qu'à beaucoup d'autres. Les conséquences seront ainsi étendues par les progrès de la traction automobile et tout ce qui permettra aux voyageurs de s'écarter à leur gré des voies ferrées. C'est la circulation et la vie qui de nouveau pénètrent au cœur du pays. On l'a dit avec raison : « La bicyclette est autre chose qu'un sport, c'est un bienfait social. »

L'hôtellerie est un métier qui semblait bien mort. Nous ne connaissions plus l'aubergiste que par nos grands-pères ou par les romans.

Ils vont revivre. Et déjà nous le reconnaissons à sa mine, le type amusant de l'hôtelier classique, prenant le frais au bord du chemin en fumant une énorme pipe et en guettant le tintement lointain des grelots, tout fier de son enseigne qu'il a fait repeindre pour la mettre à la mode :« Ici on loge à pied et à bicyclette. »

(*L'Hôtelier*).

Au Touring-Club.

Dans sa dernière séance, le conseil d'administration du Touring-Club de France a voté les subventions suivantes :

1° Cent francs pour l'entretien de la piste cyclable de la levée de Paramé (Ille-et-Vilaine).

2° Soixante francs pour modification du passage à niveau de la Grillardière, sur le chemin de grande communication n° 10. Des démarches vont être faites auprès de la Compagnie des chemins de fer de l'Anjou pour obtenir qu'elle place à cet endroit un contre-rail.

3° Huit cents francs pour l'achèvement du trottoir cyclable établi sur une longueur de 3 kilomètres sur un des bas-côtés de la route nationale n° 16 entre Cauchy-à-la-Tour, Auchel et Burbure (Pas-de-Calais).

4° Mille francs pour l'aménagement d'un trottoir cyclable, le long du chemin de grande communication n° 5 autour du lac du Bourget.

5° Cinq cents francs pour les travaux entrepris dans la forêt de Fontainebleau par M. Colinet, continuateur de Denecourt, pour l'aménagement des abords d'une source récemment découverte qui portera le nom de « Fontaine du Touring-Club de France » et dont l'inauguration aura lieu dans le courant du mois de mai 1901.

6° Trois cents francs pour la participation dans les dépenses qu'entraînera la suppression d'un caniveau situé dans la traverse de Vincelles (Yonne) sur la route nationale n° 6.

7° Cinq cents francs qui seront mis à la disposition du R. P. Delattre, directeur du Musée de Carthage (Tunisie), pour la continuation des fouilles de Carthage.

***

Le conseil a décerné à M. Onésime Reclus, auteur des notices des « Sites et Monuments » la grande médaille d'or instituée par le Touring-Club pour récompenser les services les plus éminents rendus au tourisme. Cette médaille lui sera remise en assemblée générale par le ministre des Travaux publics.

Il a décidé enfin, dans une pensée patriotique qui l'honore, que la collection des « Sites et Monuments » serait offerte aux bibliothèques des cercles militaires de l'extrême Sud Algérien.

VARIÉTÉS

C'est avec le plus vif plaisir que nous félicitons M. Serpollet, le constructeur d'automobiles, de sa nomination de chevalier de la Légion d'honneur. Cette distinction honore non-seulement le bénéficiaire mais aussi son dispensateur.

Les clubs d'automobile.

Savez-vous combien nous comptons actuellement en France de sociétés où l'on s'occupe d'automobile? En voici la liste au hasard :

Automobile Club de Bordeaux.
— de Pau.
— de Toulouse.
— de Périgueux.
— de Nice.
— de Marseille.
— de Salon.
— de Béziers.
Les Chauffeurs du Midi, à Avignon.
Automobile Club de Rouen.
— de Grenoble.
Automobile et Bicycle Club de Lyon.
Moto Club de Lyon.
Automobile Club de l'Auvergne, à Clermont-Ferrand.
Automobile Club de Dijon.
— de Lons-le-Saunier.
— Lorrain, à Nancy.
— de Rouen.
— de Dieppe.
— de Seine-et-Oise, à Versailles.
Automobile Club de Nantes.

Ajoutez-y l'Automobile Club de France et le Moto Club de France, cela nous donne un total de 24 sociétés, réparties aux quatre coins de la carte de France, plutôt pourtant dans le Midi.

***

La venue du vingtième siècle a mis en verve les caricaturistes. Est-il besoin de dire que pour les messieurs, le symbole du progrès au siècle prochain c'est la locomotion mécanique?

Ainsi, dans le « Journal Amusant », où grandit chaque semaine le talent de H. Gerbault, nous voyons une page entière de Henriot sur l' « Homme-Oiseau », une autre page de Donhin sur la « Snobomobile », une page de Gerbault déjà nommé sur le « Persil dans l'azur », aimable va-et-vient de ballons à moteurs légers, une page de Huard, où trois Parisiens descendus de leurs aéronefs en province se paient la tête d'un vieux notaire, lequel avec le masque de l'acteur Péricaud, a l'aplomb de se montrer, aux environs de l'an 2000, sur un tricycle à pétrole, engin déjà vieillot en 1900!!!

Plus une page de B. Rabier, où l'automobile est déjà passée à l'état de rossignol pour saltimbanques...

Bref, il n'y en a dans tout cela que pour la locomotion. Et c'est justice.

***

Un savant professeur de droit administratif, qui s'occupe, à ses heures, de numismatique, M. Th. Ducrocq, a récemment assemblé dans un travail très serré les objections qui, à diverses repri-es déjà, ont été dirigées contre le coq prétendu gaulois, et il y a ajouté des arguments nouveaux. Sa démonstration me paraît empreinte d'une évidence à peu près irrésistible.

La légende du coq gaulois repose sur un calembour, le même mot latin *gallus* servant à désigner le Gaulois et le coq. Mais jamais les Gaulois n'ont pris le coq pour emblême. D'abord, ils n'avaient pas et ne pouvaient avoir d'emblème unique. Leur organisation politique s'y opposait. Puis, si l'on examine leurs monnaies, on constate qu'elles représentent des animaux de tout genre, des chevaux, des lions, des ours, des cerfs, des sangliers, des taureaux, des béliers, des chèvres, des aigles, des alouettes, des corbeaux, des cigognes, des grues, et très rarement, beaucoup plus rarement que n'importe lequel d'entre ces animaux, un coq. Sur 10,413 pièces du *Catalogue des monnaies gauloises de la Bibliothèque nationale*, on trouve, en tout, quatorze pièces portant un coq. Encore douze de ces pièces sont-elles de cuivre. Il serait bien surprenant que le « symbole national » eût orné, de préférence, les monnaies les moins importantes. La statuaire confirme cette vue empruntée à la numismatique gauloise.

***

Extrait d'un article de M. Sylvain, paru dans la *Revue du Touring-Club*, dans lequel l'auteur fait allusion à un phénomène connu, celui de la désagrégation de l'acier des bicyclettes.

« Les chocs que reçoit la machine se répercutent dans tout le cadre et effectuent un travail de « démolécularisation » de l'acier, travail qui, pour être lent, n'en est pas moins très régulier et très réel. Qu'arrivera-t-il ? La désagrégation de l'acier et finalement la « rupture des tubes ». Ils sont usés, dit-on, non, ils sont démolis... » et la rédaction ajoutait en note que les mots « désagrégation de l'acier » n'étaient pas très exacts et qu'il était plus juste de dire « que l'acier subit un changement d'état moléculaire, de fibreux devient granuleux, et par suite, cassant ».

***

Sait-on que le président Kruger, dont s'occupe l'actualité parisienne, fut, dans sa jeunesse, un des meilleurs athlètes sud-africains ? Dans un match pédestre fameux, il vainquit, à la suite d'un pari, deux coureurs professionnels cafres qui, encore que se relayant, ne purent suivre à la course l'oncle Paul !

Un ami de G. Meyland qui s'intéresse d'ailleurs autant aux choses du Transvaal qu'aux choses du sport, et qui fut reçu là-bas, il y a deux ans, par M. Kruger lui-même, lui a déclaré que le président était un sportsman accompli :

« C'est aux exercices de plein air, à la marche, à l'équitation, que je dois la santé », lui dit alors le vénérable vieillard.

Et le fait est qu'au Transvaal le président passe non seulement pour un excellent marcheur, mais encore pour un fin tireur et un fameux cavalier.

Il possède la notion fort juste de la vitesse et de la distance, qualité première de tout bon sportsman ; et, à un confrère qui lui demandait, dans le train présidentiel, entre Marseille et Paris, à quelle allure on marchait, il répondit avec beaucoup d'à-propos :

« Nous passons de 16 à 17 poteaux télégraphiques à la minute ; les potaux étant distants de 100 mètres les uns des autres dans tous les pays du monde, cela fait de 16 à 17,000 mètres par minute, soit du 100 kilomètres à l'heure environ ».

C'était exact et finement observé; beaucoup de nos chauffeurs n'eussent pas si bien répondu !

***

Si les conducteurs de fiacres automobiles refusent absolument de suivre sous le rapport de la tarification leurs collègues vieux jeu qui caressent encore du fouet la pitoyable échine de leurs rosses étiques, ils leur font cependant concurrence dans le sport qui consiste à échanger des aménités avec les gêneurs de la rue.

Leur répertoire est d'une richesse énorme. Mais, je crois que la palme revient à un watman qui, gêné par un énorme omnibus, engagea hier, avenue de l'Opéra, une joute oratoire des plus réjouissantes.

Aucun des adversaires n'avait nettement pris l'avantage. Le poing tendu, la bouche écumante, la face congestionnée, ils s'invectivaient à... bouche que veux-tu, laissant loin les héros d'Homère les mieux doués.

Enfin, le fiacre électrique put passer. Alors, méprisant, et sûr de l'estocade finale qui allait assommer le cocher d'omnibus, le wattman, désignant du geste les voyageurs empilés côte à côte sur l'impériale : « Eh ! va donc ! avec tes malheureux ! »

***

L'actif directeur du Nouveau-Cirque, M. Houcke, a encore déniché pour son nouveau programme un numéro sportif. Après John Higgins, le merveilleux sauteur, après les matches de water-polo et de polo à bicyclette, on joue maintenant au hockey à échasses sur la piste du Nouveau-Cirque.

Deux équipes de quatre joueurs armés d'une crosse se disputent la possession d'une balle de caoutchouc qu'il s'agit de faire entrer dans une des boîtes placées en face l'une de l'autre. Et cela ne va pas sans mêlées des plus amusantes où huit paires d'échasses et autant de crosses s'enchevêtrent à qui mieux mieux. Malgré leur dextérité, les joueurs ne peuvent souvent éviter la chute et alors rien de plus drôle que leurs efforts pour se remettre debout en s'aidant de leur crosse comme les Landais de leur bâton pour retrouver leur équilibre.

***

M. Georges Walther, directeur de la Compagnie routière de France, écrit au *Vélo* une lettre qui mérite vraiment d'être portée à la connaissance de nos lecteurs, surtout de ceux qui passent sous les redoutables fourches caudines de la Cour de Mai.

Voici cette lettre :

« Monsieur le Rédacteur,

« Que pensez-vous de la petite note d'apothicaire qui vient de m'être remise par qui de droit ?

« Voici ce que j'ai à payer à la suite d'une condamnation à 10 francs d'amende pour contravention en automobile :

Amende	10 »
Décimes	2 50
Frais de justice	12 03
Signification du jugement	4 90
Frais d'extraits et d'arrêt	» 25
Timbre de quittance	» 25
Commutation d'une peine de 3 jours de prison	31 25
Total	61 18

« A quel joli total on en arrive, tout de même, quand on est condamné à 10 francs d'amende et que l'on a sa remise de trois jours de prison ! »

***

Le venin des mille-pattes. — Tout le monde connait les mille-pattes.

Qui aurait pu se douter que ces gentils petits animaux à corps noir et cylindrique, ces petits arthropodes, comme disent les naturalistes, si vifs, si frétillants, qui rampent dans la verdure de nos jardins et de nos prés comme de minuscules serpents, possèdent aussi un venin, heureusement inoffensif pour l'homme? C'est ce que M. Phisalix, aide naturaliste au Muséum, vient d'établir dans un travail dont M. Edmond Perrier expose les grandes lignes à l'Académie.

Le mille-pattes sécrète, quand on le saisit, une humeur jaune dont l'odeur forte et piquante imprègne les doigts de l'imprudent pendant plusieurs heures. En recueillant dans l'eau, les gouttelettes minuscules de venin sécrété par quelques centaines de *Jules*, c'est encore un nom du myriapode en question, M. Phisalix a obtenu une solution jaune comme du chlorure d'or, avec laquelle il a pu faire de nombreuses expériences et en démontrer les propriétés toxiques. Mais il y a plus. Ce venin ne ressemble en rien aux toxiques étudiés jusqu'ici.

En effet, dès qu'on le chauffe, il s'évapore : c'est un venin volatil que l'on peut isoler et recueillir par distillation. Il restait à en découvrir la nature chimique. C'est ce qui fait l'objet d'une deuxième note, en collaboration avec M. Béhal. Or, les résultats exposés dans cette étude sont tout à fait curieux et nouveaux. Le corps volatil fabriqué par les glandes cutanées du *Julus terrestris*, appartient au groupe des *phénols*, dont il rappelle l'odeur : c'est la *quinone*, substance très voisine de l'*hydroquinone*, que tous nos photographes connaissent pour en avoir essayé les propriétés révélatrices.

Un mille-pattes émanant des vapeurs venimeuses, c'était déjà très curieux, mais un mille-pattes fabriquant des produits chimiques, c'est le comble de l'imprévu. Il y a peut-être là, qui sait, ne rions pas, une nouvelle concurrence qui se prépare pour notre industrie chimique.

***

Sur la proposition des préfets et l'avis des Conseils généraux,

La clôture de la chasse à la perdrix a été fixée :

Au 23 decembre 1900 dans l'Oise;

Au 31 décembre 1900 dans l'Ain ;

Au 6 janvier 1901 dans l'Aisne, l'Aube, la Charente-Inférieure, le Maine-et-Loire, la Marne et la Somme.

La clôture de la chasse au lièvre est fixée :

Au 31 décembre 1900 dans l'Ain ;

Au 6 janvier 1901 dans l'Aisne, l'Aube, la Charente-Inférieure, la Marne, le Nord, le Pas-de-Calais, la Somme.

La clôture de la chasse au chevreuil, au 31 décembre 1901 dans l'Ain.

La clôture de toutes les espèces de gibier aura lieu le 30 décembre 1900 dans le Doubs, la Savoie et la Haute-Savoie.

L'ALCOOL INDUSTRIEL

Nous faisons connaître les principaux points du projet relatif à l'alcool pour les emplois industriels, qui vient d'être présenté au Syndicat de la Distillerie agricole, par M. Léon Martin, agriculteur et distillateur, ancien député de l'Oise :

« Les médecins (et l'opinion publique dans une certaine mesure) tendent à une diminution de l'alcool, et d'autre part l'intérêt de l'agriculture française demande l'extension de la distillerie qui seule peut permettre partout l'extension de la culture de la betterave.

Pour satisfaire à ces deux conditions, le Parlement a tenté de détourner une partie de l'alcool produit sur les emplois industriels et, par une loi, a dégrevé presque complètement de tout impôt l'alcool employé au chauffage et à l'éclairage, à la force motrice, etc. Mais le faible droit qui reste et le prix des dénaturants que la régie exige pour sauvegarder l'impôt sur la consommation relèvent encore le prix de l'alcool d'une façon telle que l'emploi de celui-ci n'est pas économique.

Il est à désirer, et on s'en occupe activement, que le prix de la dénaturation soit réduit presque à zéro; mais, lors même que l'administration des contributions indirectes et le gouvernement arriveraient à peu près à ce résultat, l'alcool serait encore trop cher pour concurrencer le pétrole dans la plupart des emplois industriels.

Tous ceux qui ont étudié cette question savent, en effet, que, pour satisfaire aux dépenses de la culture et de la distillation française, l'alcool ne devrait pas descendre au-dessous de 45 francs l'hectolitre à 90 degrés et, d'autre part, il faut abaisser le prix de l'alcool industriel à 25 francs environ ou même à 20 francs pour en développer la consommation industrielle.

Le seul moyen de résoudre ce problème consiste à diviser l'hectolitre d'alcool brut produit par l'agriculture et la distillation en deux parts, l'une qui sera destinée à la consommation humaine et dont le prix sera relevé, et l'autre à l'emploi industriel et dont le prix s'abaissera proportionnellement.

Ces deux catégories représentent respectivement environ 70 et 30 °/° de la consommation totale.

Il résultera de ce partage dans les usines même que sur 2,400,000 hectolitres produits aujourd'hui et consommés en France, 1,600,000 hectolitres iront à la consommation et 800,000 hectolitres iront directement et forcément à l'industrie.

M. Léon Martin soumet donc à l'opinion publique et au Parlement la proposition de loi suivante :

Article premier. — Tous les alcools, sauf ceux provenant du raisin, des cerises, prunes, poires et pommes, sont soumis à la rectification.

Art. 2. — Dans les usines de rectification un service d'hygiène sera établi qui réservera pour la consommation exclusivement les alcools extra-fins de premier jet et dénaturera tous les autres pour les emplois industriels.

Art. 3. — Quelle que soit la perfection des appareils et les opérations diverses auxquelles il pourrait être soumis, le flegme ou alcool brut ne pourra fournir plus de 75 °/° d'alcool extra-fin pour la consommation humaine.

LES SPORTS A L'ÉTRANGER

Angleterre.

M. Fred. Thurvey, le chauffeur bien connu, a eu dernièrement, en faisant un voyage en automobile, une aventure amusante.

Etant arrivé le soir dans un petit village du Yorkshire, il s'enquit d'une remise pour sa voiture et après bien des recherches parvint à la caser sous un hangar appartenant au chef de gare.

« Le lendemain, celui-ci nous informa, dit M. Thurvey, que si nous devions prolonger notre séjour il se verrait au regret de nous refuser le garage. En effet, sa femme n'avait pu fermer l'œil de la nuit, persuadée qu'elle était que le moteur allait se mettre en marche et que la voiture allait tout démolir dans la maison.

« On ne doit jamais rire d'une femme, ajoute M. Thurvey, mais je confesse que cette réponse provoqua de notre part une hilarité peu correcte ! »

***

On va inaugurer sous peu au Crystal Palace, à Londres, un garage d'automobiles destiné à rendre la visite du fameux palais très pratique pour les chauffeurs. Le garage sera en effet situé à côté de l'entrée principale et les prix en seront des plus restreints : 1 shelling (1 fr. 25) pour les voitures et moitié pour les motocycles.

***

Le major général Baden Powel, chargé de l'organisation de la police sud-africaine, a envoyé un ordre à une maison de Conventry pour cent bicyclettes qui devront être équipées militairement; ce premier ordre est à livrer de suite et sera probablement suivi de quelques autres, car le major général a déclaré plusieurs fois déjà qu'après ses expériences pendant la campagne actuelle, il est plus que jamais convaincu qu'on ne saurait attacher trop d'importance aux services que peuvent rendre les cyclistes dans ce pays.

***

L'Automobile Club de Grande-Bretagne s'occupe déjà des premiers détails d'organisation de sa grande course automobile de 1,200 milles qui doit avoir lieu en août 1901.

La route définitivement choisie est celle de Londres à Glasgow et retour. Le départ de Londres se fera le 12 août et du 20 au 25 août il y aura à Glasgow une exposition des véhicules concurrents.

Le départ pour le retour sera donné le 26 août.

***

La question d'un motodrome à Londres est en ce moment à l'ordre du jour.

M. Roger Fuller, qui figure parmi les promoteurs, déclare que la souscription du capital ne soulève aucune difficulté.

Il n'en est pas de même pour l'emplacement, car, jusqu'à présent, personne n'a pu trouver le terrain nécessaire dans un rayon de vingt milles de la capitale.

Il est pourtant certain que l'entreprise réussirait et que les 250,000 francs nécessaires seraient vite retrouvés.

***

Dernièrement une grave discussion s'est engagée dans le Conseil du comité de Somerset : il s'agissait de demander la modification de la législation des automobiles en imposant une restriction de vitesse.

Or, le chef de la police du comté, M. le High Sherif Grenville, est venu prendre la défense des automobiles, en faisant remarquer que sa propre voiture automobile lui permettait de gagner beaucoup de temps sur les voyages par chemin de fer. Il a notamment fait remarquer qu'il avait pu ainsi parcourir une distance de 248 milles en 14 h. 10 m. Si l'on veut bien calculer la vitesse à laquelle cela correspond, on verra que le chef de la police s'était mis outrageusement en contravention avec la loi ce qui ne manque pas d'une certaine saveur.

***

On vient de lancer en Angleterre, sous le nom de « Motor Market », une publication qui aura pour but spécial et unique d'annoncer les véhicules automobiles à vendre d'occasion. C'est tout à fait un signe des temps et cela montre l'importance que prennent ces sortes de transactions.

***

Des milliers de cyclistes ont abandonné la roue parce qu'ils se sont mis dans la tête que la roue n'était plus populaire, dit la *Cygling Gazette*; il faut eur faire la démonstration oculaire de leur méprise. Comment ? Les moyens ne manquent pas. Mais, nous sommes convaincus que la réforme doit venir de ceux qui sont intéressés à la reforme, des fabricants eux-mêmes, de leurs familles et de leurs amis.

Combien y a-t-il de fabricants de cycles qui cyclent eux-mêmes ? Nous n'oserions répondre. Combien de marchands, de réparateurs, d'agents, qui montent avec cette constance qui prouve leur foi dans l'évangile qu'ils prêchent? Beaucoup trop peu.

Les gens qui réussissent dans une branche d'industrie quelconque sont ceux qui s'adonnent pleinement à leur tâche. Peut-on dire d'un marchand qu'il a le feu sacré, qui ne trouve pas sa marchandise assez bonne pour lui-même ? Le cordonnier doit être bien chaussé, le tailleur bien habillé, le libraire ami des livres, de même le marchand de cycles doit être cycliste.

« Vous les connaîtrez à leurs fruits. Les hommes cueillent-ils des raisins sur les épines, ou des figues sur les chardons? Si tout bon arbre doit produire de bon fruit, tout arbre gâté ne porte que de mauvais fruit. »

Nul n'est plus grand que sa foi, et la foi sans l'action est morte. Aucun marchand de cycles n'a le droit moral de se faire l'avocat d'une chose en laquelle il ne croit pas et qu'il ne pratique pas.

(*The Cycling Gazette.*)

Belgique.

Le Touring Club Belge vient d'envoyer aux Chambres une pétition demandant la réduction de la taxe sur les vélos.

La réclamation s'appuie sur ce fait que, lors de l'établissement de la taxe, les bicyclettes coûtaient 500 francs.

Cependant, à cette époque déjà, la taxe paraissait disproportionnée.

Et on peut obtenir actuellement une machine d'occasion pour 75 francs!

Nous payons donc un impôt qui représente 20 pour 100 de la valeur de l'objet, ce qui est absolument exagéré.

D'autre part, en Suisse et en Angleterre, aucune taxe de ce genre n'existe; dans les autres pays, elle est moindre que chez nous; en France, elle vient d'être réduite à 6 francs.

Un autre très sérieux argument, que nous nous permettrons de faire valoir, c'est que la bicyclette est surtout employée actuellement par la classe si intéressante des petits employés et des ouvriers qui s'en servent pour se rendre au siège de leur travail.

Nous avons annoncé ici que le conseil provincial de Brabant est saisi d'une proposition tendant à exempter ces derniers de la taxe.

Espérons que, malgré l'avis défavorable de la commission d'enquête nommée aux fins de l'examiner, elle recevra un accueil favorable.

***

Le Moto Club vient de prendre une excellente initiative : il a chargé plusieurs de ses membres, notamment son président, M. Anspach-Puissant, de convoquer le Touring Club, la Ligue Vélocipédique Belge, l'Automobile Club et le Moto Club, afin d'arriver à une entente et d'unifier les démarches à faire auprès des autorités en ce qui concerne les revendications routières des chauffeurs.

Le même cercle va s'occuper également d'obtenir la réduction des taxes que la ville a l'intention de voter sur les automobiles et les motocycles.

***

Le premier service public d'automobiles vient d'être inauguré dans l'Entre-Sambre-et-Meuse.

Le point de départ est Malonne-Port, au dépôt du train vicinal. Les omnibus desservent Floreffe-station, Sart-Saint-Laurent, et de là se rendent à Fosses, évitant le coude énorme que trace la voie ferrée, qui passe par Tamines.

Les omnibus à vapeur contiennent vingt places.

Cette ligne eût été exploitée depuis quelque temps déjà sans la lenteur proverbiale des enquêtes administratives ; l'époque actuelle est essentiellement défavorable à l'intéressant essai ; espérons cependant qu'il inaugurera avec succès la série des services publics d'automobiles.

Une cinquantaine de concessions analogues sont demandées sur divers points du territoire.

***

Nous avons reçu récemment un numéro du journal bruxellois l' « Industrie », renfermant un article qui défend les accumulateurs contre les reproches que leur ont adressés les partisans du trolley. Nous comprenons que les fabricants d'accumulateurs prônent leurs produits, mais, après avoir mûrement examiné la question, nous croyons que le trolley est seul possible pour la traction des tramways.

En principe, l'accumulateur est séduisant, parce qu'il a l'avantage de rendre les voitures indépendantes, et il se peut qu'un jour il devienne pratique. Malheureusement, dans l'état actuel de la science électrotechnique, les accumulateurs ne peuvent assurer, dans des conditions acceptables, un service de tramways sur des lignes à circulation intense.

Bien peu de progrès ont été réalisés depuis l'expérience fâcheuse faite à Bruxelles même, sur la ligne de la rue de la Loi, expérience qui a coûté aux tramways bruxellois plus d'un demi-million.

Si l'on considère les installations les plus voisines, comme la Haye et Gand, sur lesquelles il est possible d'avoir des renseignements exacts et sincères, on voit public et exploitants réclamer vivement le remplacement des accumulateurs par le trolley.

L'exemple de Gand est particulièrement édifiant.

Il s'agit d'une installation nouvelle, déjà d'une importance relative, créée de toutes pièces, pour la traction par accumulateurs, sur des lignes pour ainsi dire entièrement en palier, par une Société d'Electricité qui a une longue expérience de ce mode de traction.

On peut donc considérer cette expérience comme probante.

Or, elle a abouti à un désastre.

Allemagne.

Un rapport du consul général de France à Leipzig donne d'intéressants détails sur la foire des bicyclettes allemandes qui s'est tenue dans cette ville du 19 au 23 octobre dernier.

Cette foire a différé des précédentes en ce que l'on a séparé complètement, cette année, les vélocipèdes des automobiles; tandis que l'exposition des secondes était publique, celle des premiers était exclusivement réservée aux seuls négociants Pour les bicyclettes, pièces détachées et accessoires, la vente a été normale et on a été relativement satisfait des affaires. On a signalé dans les salles, les pompes et les lanternes, des nouveautés qui ont été bien accueillies.

Les automobiles se sont très bien vendues; quoique cette industrie soit encore fort nouvelle en Allemagne, elle a pris déjà un développement considérable. On a remarqué que les principaux modèles étaient presque tous établis d'après des systèmes français. Ici encore, les Allemands voudraient nous battre avec nos propres armes et nos compatriotes devraient dès maintenant se préoccuper des efforts qui vont être tentés pour leur enlever les positions qu'ils ont déjà su conquérir sur les marchés allemands.

L'Association des marchands de bicyclettes allemands, qui tenait en même temps son assemblée générale, a décidé qu'une nouvelle foire de vélocipèdes et d'automobiles aurait lieu l'année prochaine à Leipzig.

⁂

Un collaborateur de la publication « Organ für die Fortschrifte des Eisenbahnvesens » vient de se livrer à une étude fort consciencieuse sur la circulation des trains dans les courbes, notamment pour ce qui est des convois à grande vitesse, et il arrive à des conclusions qui rompent fort sensiblement avec la pratique généralement suivie.

Pour lui, si l'on veut atteindre sans danger des vitesses de 150 à à 200 kilomètres à l'heure, il importe que le rayon soit respectivement de 2,250 ou de 4.000 mètres (ce qui est énorme et gênerait considérablement l'établissement des voies). Comme, d'autre part, il faut recourir au dévers pour combattre la force centrifuge, il estime que, sous peine de nuire à la stabilité des véhicules forcés de s'arrêter dans une section en dévers, on ne doit pas exagérer celui-ci dans les voies existantes ni dans les voies de montagne, où les courbes de grand rayon sont impossibles, et il ne faut pas songer, par conséquent, à dépasser une allure de vingt pour cent supérieure aux vitesses actuellement pratiquées.

Espagne.

Ce qui prouve l'importance de plus en plus grande que l'automobile prend en Espagne, comme ailleurs, c'est qu'on vient de créer à Madrid un garage dû à l'initiative de la « Sociedad general de Coches automobiles y Traccion electrica ».

Ce garage peut abriter les voitures des chauffeurs qui n'ont pas de remise, et loue des véhicules, fait des réparations, vend des pièces de machines, etc. La nouvelle sera certainement bien accueillie des chauffeurs français qui fréquentent l'Espagne, dit un de nos confrères hebdomadaires.

Italie, Russie, Suisse.

Frédéric Verocai dit le *Perseveranza* (de Milan), est un petit homme très modeste mais qui n'en est pas moins un très distingué mécanicien. Passionné pour son art, plein d'initiative, et par-dessus tout très laborieux, il a travaillé depuis des mois avec une constance et une patience admirables à une invention mécanique qui procurera d'immenses avantages à tous ceux qui s'occupent d'automobile.

Verocai, technicien distingué de la Manufacture d'armes royale, a pris ces jours derniers un brevet pour un appareil très simple qui paraît destiné à transformer radicalement l'automobile, en diminuant considérablement le prix des machines. Cet appareil supprime les pédales, la chaîne et les engrenages du différentiel. Si l'on considère le grand développement qu'a pris ce genre de locomotion, on voit à quel succès est appelée la nouvelle invention du brave mécanicien de Brescia.

⁂

Une petite promenade à bicyclette de Rivoli à Turin vient de coûter trois ans de réclusion à un sieur F. Felisio, qui, ayant emprunté à un ami un vélo dépourvu de sa plaque indiquant le paiement effectué de l'impôt, s'était procuré du même le certificat réglementaire de dénonciation aux autorités compétentes. La loi permet au cycliste qui a satisfait à cette formalité de circuler sans plaque pour un temps maximum de 15 jours.

Le certificat de M. Felisio étant échu cependant, le malheureux se hasarda à transformer « juin » en « juillet », altération qui fut facilement reconnue par les agents préposés à l'octroi de Turin.

Procès-verbal fut dressé immédiatement pour falsification d'actes publics contre le délinquant, qui vient de s'entendre condamner par le Tribunal de Turin à trois ans et un mois de réclusion, 20 francs d'amende, frais du procès, etc., etc.

Avouons que pour la substitution d'une simple date et pour une petite promenade à bicyclette, le prix en était assez cher! *Dura lex, sed lex.*

⁂

Un journal spécial italien publie aujourd'hui une intéressante statistique concernant les bénéfices réalisés en 1900 par les meilleurs stayers d'Europe. La voici :

1. Bouhours, 200,000 francs, 2. Taylor 15,000, 3 Walters 14,500, 4. Robl 13,000, 5. Baugé 10,500, 6. Chase 8,000. 7. Linton 7,300, 8. Cordang 7,107, 9. Dickentmann 5,400, 10. G. Fischer 5,000, 11. Simar 5,000, 12. Huret 4,800, 13 Koecher 3,550, 14. Contenet 3,000, 15. Frédérick 3,000, 16. Van den Tuyn 2,700, 17. Platt-Betts 2,600, 18. M. Garin 2,550, 19. Lesna, 2,400, 20. Muller 2,000, 21. Van der Knop 1,800, 22. Foureau 1,550, 23. Kerff 1,500, 24. Digeon 1,480, 25. Lepoutre 1,400, 26. Ryser 1,300, 27. Bovy 1,250, 28. Aucouturier 1,200, 29. Deroeck 1,125, 30. Borl, 000, 31. Léonard 1,000, 32. Chevallier 900, 33. Struth 725, 34 Reynal 650, 35. Nicodémy 475, 36. Fischer 450, 37. Garin 400, 38. Andresse 400, 39. Thé 375.

Sous réserves bien entendu.

⁂

Le règlement concernant la circulation des automobiles à Saint-Pétersbourg comportait un article obligeant les chauffeurs à munir leurs voitures de lanternes portant chacune un numéro.

Cet article vient d'être amendé en ce sens qu'à l'avenir les numéros devront être placés sur la voiture elle-même, un à l'avant, un à l'arrière, et très visiblement.

***

L'administration du Touring Club Suisse, en exécution d'un vœu émis à Berne par l'assemblée des délégués à la suite d'une proposition antérieure de M. le lieutenant-colonel Bornand, de Lausanne, a décidé d'ouvrir dans ses bureaux, une souscription dont le montant sera destiné à récompenser par des gratifications pécuniniaires les cantonniers qui se signalent par un bon entretien de leur secteur.

LA NOUVELLE INDUSTRIE

Statistiques instructives.

Voici des chiffres extrêmement instructifs sur les transactions concernant les automobiles, que nous devons à l'obligeance de M. Chaudèze, secrétaire de l'office national du commerce extérieur.

En ce qui concerne l'année courante, les statistiques ne donnent encore que les renseignements des mois écoulés jusqu'à fin septembre, c'est-à-dire pour les neuf premiers mois.

Pour que la comparaison soit possible avec les années précédentes, il a fallu relever les chiffres correspondants également aux neuf premiers mois de chacune d'elles :

EXPORTATION

Neuf premiers mois de	Voitures automobiles.	Motocycles, vél. et pièces détachées
—	—	—
1898	865.000 fr.	8.649.200 fr.
1899	2.493.000 —	8.271.900 —
1900	6.240.000 —	6.347.880 —

IMPORTATION

Neuf premiers mois de	Voitures automobiles	Motocycles, vél. et pièces détachées
—	—	—
1898	337.000 fr.	7.862.000 fr.
1899	323.000 —	6.888.000 —
1900	349.000 —	4.831.200 —

Si les chiffres relatifs aux motocycles et aux vélocipèdes donnent lieu à quelques fluctuations. la constatation la plus agréable que l'on puisse faire à l'inspection des chiffres relatifs aux voitures automobiles, c'est que les importations étant immobiles, les exportations sont chaque année près de trois fois plus considérables que la précédente.

L'Hygiène du Cycliste.

1° Le cycliste doit se couvrir de vêtements de laine ; c'est là une notion devenue banale ; le contact de la peau, avec la toile et le coton est nuisible, en raison de l'activité plus grande imprimée à la respiration et à la transpiration cutanées par les exercices vélocipédiques.

2° Le cycliste doit éviter toute constriction exercée sur le corps par une partie quelconque du vêtement, col, corset, ceinture, jarretière, car les conséquences d'une gêne circulatoire mécanique sont particulièrement à redouter chez le cycliste en marche, en raison du surcroît de fonctionnement qu'imposent au cœur les exercices vélocipédiques.

3° Le cycliste ne doit jamais se mettre en route l'estomac chargé d'aliments et de boissons. En outre, il devra boire le moins possible ; il ne se nourrira que d'aliments qu'il sait pouvoir digérer facilement et qui, de plus, sont substantiels sous un faible volume. Autant que possible, il se munira d'une liqueur qui soit à la fois *stimulante* pour les nerfs et les muscles, *tonique* pour le cœur et *nutritive*. (Voir, page 5, l'article consacré au Pepto-Kola, la véritable liqueur du cycliste.)

4° Le cycliste doit toujours se maintenir dans l'attitude verticale, pour ne pas déformer sa colonne vertébrale et son thorax, et parce que l'attitude courbée gêne les contractions du cœur et l'expansion des poumons.

5° Le cycliste en marche depuis quelque temps, doit surveiller son pouls ; sitôt que la fréquence du pouls dépasse 100 à la minute, il y a imprudence, sinon danger, à ne pas interrompre la course, et surtout à marcher à une allure excessive, à monter une côte.

6° Le cycliste doit respirer de façon à faire entrer l'air par le nez et à le faire ressortir par la bouche. Il y a imprudence, sinon danger, à ne pas interrompre la course ou du moins à ne pas ralentir la marche, sitôt que l'essoufflement se manifeste.

7° Le cycliste doit éviter de transpirer. Après une course un peu prolongée, il devra veiller à la propreté minutieuse et au fonctionnement de la peau, grands lavages à l'eau tiède, grand bain, douche (en jet brisé, tiède et très courte).

8° Le cycliste qui est myope, ou presbyte, ou hypermétrope, doit porter des verres qui corrigent ce trouble de l'accommodation. Après une course sur une route poussiéreuse, il se lavera les yeux avec de l'eau bouillie, additionnée d'acide borique.

9° Le port d'un suspensoir est à conseiller aux cyclistes hommes.

10° L'usage d'une bicyclette par trop trépidante est particulièrement funeste aux femmes.

11° Le cycliste doit s'abstenir de tous les poisons du cœur et des muscles, tels que le tabac, l'alcool, la morphine, etc., dont on abuse tant à notre époque.

12° Enfin le cycliste ne doit pas ignorer que les conséquences fâcheuses des excès vénériens sont particulèrement à craindre à la suite des exercices vélocipédiques, par suite de la surexcitation du cœur et de la fatigue nerveuse qui résultent forcément de ces exercices. Chez les dames l'abstention complète de la vélocipédie est de rigueur pendant les époques menstruelles.

Le CHIEN et le GARDE-CHASSE

Il vient de se passer une histoire qui appelle quelques méditations ; la voici :

M. X..., propriétaire d'une petite villa aux environs de Paris, avait un chien, un beau danois, intelligent et fidèle. M. X... aimait beaucoup son chien, et ce lui fut une douleur quand il dut, ayant vendu sa maison pour rentrer à Paris, se séparer de lui. Un ami, garde-chasse, consentit à le prendre. Le chien, tristement, suivit son nouveau maître.

Le chien, habitué à vivré dans un jardin, se plia difficilement à cette autre existence. Le garde-chasse qui n'était pas une âme tendre, fort ennuyé d'ailleurs de nourrir un animal de gros appétit, résolut de s'en débarrasser. Et voici comment il s'y prit :

Il attacha une lourde pierre au cou du chien, le mit sur un bateau et rama vers le milieu de la rivière. C'était sur la Marne.

Quand le bateau se trouva en plein courant le garde-chasse prit le chien dans ses bras vigoureux et le lança dans l'eau. La corde, de mauvaise qualité, se rompit et, après avoir fait un plongeon, l'animal revint à la surface. Il nagea vers le bateau et allait l'atteindre quand l'homme, impitoyable, lui asséna un coup d'aviron sur la tête. Un filet de sang jaillit de la blessure et teinta légèrement l'eau.

Le chien revint vers son bourreau. La rive lui paraissait trop éloignée. Le maître devint plus furieux contre sa victime. Il fit avec son aviron qu'il n'avait pas abandonné, un terrible moulinet pour frapper un coup mortel. Mais l'élan lui fit perdre l'équilibre. Le garde-chasse tomba à l'eau.

Il ne savait pas nager et se serait indubitablement noyé, si le chien, bien meilleur que l'homme, ne l'avait saisi par ses crocs pour le soutenir. Le garde-chasse put ainsi s'accrocher au bateau que le courant n'avait pas eu le temps d'entraîner pendant le sauvetage, et cette fois le chien nageant, l'homme s'aidant, la rive fut gagnée.

Ce sauvetage a modifié, comme on pense, les sentiments du garde-chasse pour son chien. Il a pansé la blessure faite par l'aviron sur la tête de la pauvre et gracieuse bête, lui a donné des soins fraternels. Et en racontant lui-même cette histoire, il ajoute qu'une fin naturelle seule pourra le séparer de celui à qui il doit la vie. Le chien n'est-il pas moins égoïste que le brutal garde-chasse et l'attendrissement de ce dernier ne semble-t-il pas procéder d'un sentiment de reconnaissance un peu tardif ?

UNION VÉLOCIPÉDIQUE DE FRANCE

L'union vélocipédique de France communique les notes suivantes :

M. Delamarre, chargé par le Comité directeur de former la nouvelle Commission consulaire et des sociétés, a réuni ses collaborateurs le 20 du courant.

Etaient présents : MM. Arnault, Louis Chailloux, A. Chantaz, Ch. Lefebvre, Mulet, Noth, Pourroy, P. Puy, Ch. Simonin, A. Steinès, et Waser.

Le bureau de la nouvelle Commission a été ainsi constitué.

Président : M. Delamarre ; vice-président : M. P. Puy ; secrétaire : M. A. Steinès ; secrétaire-adjoint : A. Chantaz ; trésorier : E. Mulet.

Il a été décidé, tout d'abord, que les présidents de sociétés seraient instamment priés d'activer le plus possible l'élaboratiou du calendrier sportif pour 1901.

M. Ch. Lefebvre, ayant présenté le calendrier des épreuves officielles de 100 et 150 kilomètres pour la prochaine saison, il a été créé, sur la proposition de M. Paul Puy, une épreuve de 50 kilomètres, sans entraîneurs, dite du « Petit Brevet », qui devra être courue la première de toutes.

En conséquence, le calendrier des épreuves, sauf modifications après entente avec la Commission d'Amateurisme, se trouve fixé comme suit :

7 avril : 50 kil. sans entraîneurs : parcours à fixer.

21 avril : 100 kil. avec entraîneurs : Montgeron-Melun-Ozouer.

5 mai : 100 kil. sans entraîneurs : Montgeron-Melun-Ozouer.

19 mai : 100 kil. sans entraîneurs : Saint-Germain-Ressons.

2 juin : 100 kil. avec entraîneurs (avec une catégorie réservée aux vétérans) : Montgeron-Melun-Ozouer.

16 juin : 150 kil. (routiers) en moins de 9 heures, sans entraîneurs : parcours à fixer.

7 juillet : 100 kil. avec entraîneurs : Montgeron-Melun-Ozouer.

21 juillet : 100 kil. sans entraîneurs : Saint-Germain-Ressons.

4 août : 100 kil. avec entraîneurs : Montgeron-Melun-Ozouer.

1er septembre : 100 kil. sans entraîneurs : Montgeron-Melun-Ozouer.

22 septembre : 150 kil. sans entraîneurs (routiers) : Champigny-Nangis-Coulommiers-retour.

16 octobre : 100 kil. sans entraîneurs : Saint-Germain-Ressons.

*
* *

Afin de faciliter l'obtention de l'emploi de cycliste aux jeunes gens devant accomplir leur service militaire, soit dans l'active, soit dans la réserve, le Comité directeur a chargé M. Mouillard de former, à nouveau, cette année, la Commission militaire. Elle sera composée comme suit ;

Président d'honneur : le général Grivet ; président : M. Le Hérissé, député ; vice-présidents : les colonels Dalbos et Sever ; vice-président adjoint : M. Flagella ; secrétaire des cours théoriques et pratiques : M. Mouillard ; secrétaire adjoint : M. Serin ; membre du conseil : MM. Olivetti et Plainguier.

*
* *

Le Comité directeur de l'U.V.F. a chargé son secrétaire de faire une démarche auprès du bureau de l'U.S.F.S.A. afin de savoir si toute entente au sujet du traité d'amateurisme était impossible et cela conformément aux décisions du dernier congrès.

L'AUTOMOBILE ET LA FACULTÉ

Tout le monde sait que la médecine est, depuis quelques années, l'une des professions les plus encombrées dans les grandes villes. Le meilleur remède à cette situation, qui cause un préjudice très réel et aux médecins installés et à la dignité de notre profession, est évidemment de détourner des cités populeuses le flot toujours montant des jeunes docteurs et de s'efforcer de le diriger si possible sur la campagne, et vers les régions les moins peuplées de France.

Pour obtenir ce résultat, il n'y a qu'un moyen : faire préférer la campagne et ses plaisirs à la ville et à ses attractions par les étudiants de nos Facultés ; les ramener, autrement dit, aux saines traditions du passé, en leur montrant qu'ils pourront vivre encore aujourd'hui loin de Paris dans les mêmes conditions de confortable qu'autrefois, s'ils savent organiser leur séjour dans ces contrées éloignées ; surtout s'ils sont susceptibles de résoudre d'une façon simple et économique le problème de la « distance à parcourir ».

Là gît, en effet, la difficulté. Pour pouvoir vivre dans ces conditions, il faut avoir de nombreuses courses et beaucoup de visites à faire, en une seule journée. Pour pouvoir demeurer en ces pays déshérités, il faut être placé dans des conditions telles qu'on puisse facilement rejoindre une ligne de chemin de fer.

Le cheval peut à la rigueur suffire. Mais alors il en faut plusieurs, et les dépenses sont considérables. L'automobile résoudra certainement un jour ce problème. Il y a donc un réel intérêt à ne pas laisser ignorer à nos étudiants modernes le rôle que, dans un avenir prochain, il est appelé à jouer.

Les Américains l'ont compris de suite, quoique placés dans des conditions spéciales. Il est, en effet, question, aux Etats-Unis, pour encourager l'automobile dans les milieux d'étudiants, d'organiser des courses d'automobiles entre les différents grands collèges ou universités. Le vice-président de l'Université Columbia, M. William Brock Schœmaker, a déjà pressenti, à ce sujet, les clubs de Yale et de Harward's College, qui se montrent favorables à ce projet. Il est à remarquer que la Columbia University (New-York) est la seule université où l'automobile soit aujourd'hui officiellement reconnue ; le président Hutter y fait, en effet, un cours sur les automobiles et leur construction.

C'est une innovation « que d'ailleurs nous avions, depuis plusieurs mois, l'intention d'introduire en France », dans le milieu des étudiants en médecine et de la Faculté de Paris, pour développer chez eux le goût du séjour à la campagne. — Y parviendrons-nous ? L'avenir décidera.

Marcel BAUDOIN.

(*Gazette Médicale.*)

LA COURSE BORDEAUX-PARIS DEVANT LES JUGES CONSULAIRES

Le tribunal de commerce est saisi d'une contestation relative à la course cycliste Bordeaux-Paris.

M. Garin, coureur, arrivé second, soutient qu'il serait arrivé premier si M. Paul Rousseau, commissaire et organisateur de la course, directeur du *Vélo*, n'avait fait fermer la porte du vélodrome avant l'arrivée des coureurs.

Il affirme qu'avant d'arriver à cette porte il avait une avance de quelques mètres sur son concurrent heureux Fischer.

La course devait être terminée sur la piste du vélodrome où devaient être courus les deux derniers des 590 kilomètres du parcours total effectué en 23 heures.

M. Paul Rousseau explique que, s'il a fermé la porte, c'est après avoir prévenu les coureurs de cette mesure que la prudence la plus élémentaire imposait, l'entrée du vélodrome étant constituée par un étroit couloir où la lutte de deux hommes courant depuis vingt-trois heures eût été dangereuse.

Il ajoute qu'il avait, dans ce but, fait avertir à Blois les deux coureurs de tête des dispositions prises, qui devaient faire considérer le couloir comme un passage neutre devant être traversé à pied par les concurrents.

M. Garin réclame 20,000 francs de dommages-intérêts pour le préjudice qu'il déclare lui avoir été causé, en soutenant qu'il n'a pas entendu l'avis donné à Blois, et que, d'ailleurs, on n'a pas le droit de modifier, une fois commencée, les conditions de la course.

Me Sayet, agréé, plaide pour lui, et Me Henri Vonoven pour M. Paul Rousseau, qui se retranche, d'ailleurs, derrière les règlements qui font la commission sportive juge des différends, et qui lui a donné raison.

JURISPRUDENCE

M. Falcetti, recevant un jour un colis de la part de la Compagnie P.-L.-M., sans avoir reçu préalablement aucune lettre d'avis, prétendit que ce colis arrivait trop tard, et que s'il avait reçu la lettre d'avis comme d'habitude, il eût été retirer plus tôt la marchandise, et comme ce retard lui causait préjudice, il assigna la Compagnie en dommages-intérêts.

Le tribunal de commerce de Nice lui donna gain de cause, mais la Cour de cassation vient de casser la décision des juges niçois en déclarant que « les compagnies de chemins de fer ne sont pas tenues de prévenir les destinataires, par une lettre d'avis, de l'arrivée des marchandises ».

L'arrêt ajoute : « Peu importe que telle ou telle compagnie soit dans l'habitude d'envoyer aux destinataires des lettres d'avis ; celles-ci ne sont jamais que des mises en demeure ayant pour objet d'établir leur droit à des taxes de magasinage, l'usage ne pouvant pas prévaloir contre un texte de loi, en l'espèce contre l'article 10 de l'arrêté ministériel du 12 juin 1866. »

LE YACHTING

Les régates internationales de Nice.

Le Club Nautique de Nice vient de publier l'avant-programme de ses régates annuelles. Il y aura douze journées : les 26, 27, 28, 29, 30, 31 mars et 1, 2, 3, 4, 6 et 8 avril prochains.

Des prix excessivement importants sont alloués pour les diverses séries dont quelques-unes nouvelles. Une série de coupes offertes par de généreux yachtmen seront également courues.

2,500 francs sont destinés aux canots automobiles formés en deux catégories (au-dessous et au-dessus de 6 m. 50).

Une somme de 10,000 francs est affectée à l'aviron pour les prix et les indemnités de déplacement. Voici la répartition des diverses courses : 1. Canoës à un rameur ; 2. Canoës à un rameur vétéran ; 3. Yoles franches à deux rameurs et barreur (juniors et seniors) ; 4. Yoles franches à quatre rameurs et barreur (juniors et seniors) : 5. Yoles franches à huit rameurs et barreur. Clôture des engagements : 19 mars 1901.

Les Almanachs

Le bon vieux petit almanach, si cher à nos pères, est toujours vivant et bien vivant, et son succès, loin de décroître, semble rajeunir encore avec les années qui consacrent son utilité. Ni les journaux, ni les revues qui se multiplient, ni les innombrables publications de toutes sortes n'ont pu le remplacer. Il est toujours le bienvenu quand il arrive sur l'aile des premières brises hivernales. C'est lui qui charmera les longues veillées au coin du feu. C'est lui qui amusera, qui fera rire et qui prodiguera en même temps à tous les plus précieux conseils !

La librairie Plon-Nourrit s'est fait une spécialité de ces publications qui amusent et instruisent à la fois les petits et les grands. Qu'ils sont nombreux !

Parmi les plus recherchés du public, il faut citer en tête : l'*Annuaire* et les *Almanachs Mathieu (de la Drôme)*, qui sont d'une utilité quotidienne pour les agriculteurs, les marins et, en général pour tout le monde. Rappelons en même temps que ces almanachs renferment des prévisions détaillées sur le rendement de toutes les récoltes.

L'*Almanach manuel de la bonne cuisine et de la Maîtresse de maison* est plein de recettes économiques, de procédés excellents pour faire de bons plats à peu de frais. Les gourmets y trouveront aussi leur compte.

L'*Almanach du savoir-vivre*, par la comtesse de Bassanville, est un code très complet de la bonne compagnie ; celui *des Dames et des Demoiselles* traite spécialement de la toilette et de la confection des petits ouvrages de femme ; l'*Almanach de la Mère Gigogne* s'adresse aux enfants ; l'*Almanach de France et du Musée des familles* est une petite encyclopédie des plus instructives ; l'*Almanach scientifique* explique les découvertes nouvelles de la science ; l'*Almanach du parfait vigneron* constitue le guide du viticulteur, du fabricant de cidre et du liquoriste ; n'oublions pas non plus le *Cultivateur* ni le *Jardinier*.

L'*Almanach des saints cœurs de Jésus et de Marie* et l'*Almanach du bon catholique* s'adressent aux personnes pieuses et aux communautés religieuses.

Notons encore, dans des genres différents : le *Parisien*, l'*Astrologique*, l'*Almanach illustré des jeunes mères*, le *Petit Almanach national de la France*, recueil patriotique d'anecdotes, de récits militaires et de renseignements utiles aux réservistes et aux territoriaux ; l'*Almanach des Célébrités contemporaines*, galerie des illustrations politiques, militaires, religieuses et artistiques de la France et de l'étranger ; l'*Almanach prophétique*, consacré aux sciences occultes, aux prédictions, aux phénomènes les plus curieux du somnanbulisme, de l'hypnotisme, du spiritisme et de la divination.

L'*Almanach des Parisiennes*, convient à tous ceux qui croient avec raison le rire utile à la santé, à tous ceux qui aiment les bons mots, les gauloises fantaisies, les histoires burlesques, les drolatiques aventures et les folles équipées. Ils peuvent encore s'adresser à une bande de joyeux compères qui s'appellent : le *Lunatique*, le *Comique*, le *Pour rire*, le *Charivari*, gaillards almanachs qui conservent la tradition de la vieille gaieté française. Tous ces almanachs sont copieusement illustrés.

Enfin, fermant la marche, voici venir : le *Mathieu Lænsberg*, le doyen des almanachs, qui paraît, imprimé selon l'antique tradition, sur le même papier et avec les mêmes types qu'autrefois. Mathieu Lænsberg est l'ami des villageois, le guide des paysans, auxquels il donne d'excellentes recettes de toutes sortes.

Ces aimables petits livres, sous une forme commode et modeste, accessible à tous, savent mêler l'agréable à l'utile, se faire comprendre de tous les âges, de toutes les conditions sociales satisfaire tous les goûts.

NÉCROLOGIE

Le docteur Bergeron.

Le docteur Bergeron, secrétaire perpétuel de l'Académie de médecine, vice-président en exercice du comité consultatif d'hygiène de France, s'est éteint à Paris, à l'âge de quatre-vingt-trois ans.

Il y a un mois à peine, au sortir d'une séance de l'Académie, où, en dépit de son âge, sa verdeur d'esprit et la robustesse de sa santé faisaient l'admiration de tous, il avait été frappé d'une congestion pulmonaire qui, ces jours derniers, s'est compliquée d'une pneumonie.

En dépit des soins qui lui ont été prodigués par ses collègues les plus éminents qui tous se sont rendus à son chevet, il a succombé aux atteintes de cette dernière affection.

Avec le docteur Bergeron disparaît une des personnalités les plus en vue du monde scientifique officiel, et, aussi, un des derniers représentants de la médecine d'autrefois, gravement cérémonieuse, froide et traditionnelle.

C'était un homme de bien et un galant homme dans l'acception rigoureuse du terme. Il portait au plus haut point le souci de la dignité professionnelle et des fonctions délicates qui faisaient de lui l'âme de l'Académie de médecine dont il réglait volontiers, de la coulisse, sans paraître y toucher, les graves destinées, et dont il inspirait bien souvent les choix et les suprêmes décisions.

On a dit aussi qu'il excellait à pousser au premier rang les modestes.

Quoi qu'il en soit, médecin ordinaire et ami des présidents Grévy et Félix Faure, c'est à son appui, son zèle et son influence désintéressée qu'on doit, en grande partie, la fondation et l'organisation de nombre d'œuvres de bienfaisance, celle des hôpitaux marins notamment, pour ne citer que celle-là, si secourable aux vieillards et aux enfants.

Cette coopération lente, mais sûre et efficace, constitue à elle seule un des plus beaux traits de la vie de ce modèle du praticien.

Fils d'un médecin du premier empire, le docteur Bergeron était né à Moret (Seine-et-Marne), le 27 août 1817.

Reçu docteur en 1845, et médecin des hôpitaux en 1850, il avait été attaché successivement aux hôpitaux Saint-Antoine et Sainte-Eugénie.

Membre de l'Académie de médecine depuis 1865, il venait de prendre sa retraite comme médecin des hôpitaux, quand il fût nommé secréraire perpétuel de la compagnie, en remplacement de Béclard, le 22 mars 1887.

En 1880, il avait été promu commandeur de la Légion d'honneur.

L'œuvre scientifique du docteur Bergeron ne contient aucun ouvrage de longue haleine.

Outre de nombreux articles, sur la pathologie infantine notamment, insérés dans des revues ou des dictionnaires de médecine et des notices bibliographiques très soignées quant à la forme et au fonds communiquées par lui aux séances publiques et annuelles de la compagnie, on lui doit les travaux suivants ! *De la stomatite ulcéreuse des soldats ; De la rage* (1862) ; *La répression de l'alcoolisme* (1872) ; *Des vins fuschinés*, etc.

Le professeur Ollier.

Le professeur Ollier est mort à Lyon.

Le célèbre professeur de clinique de la Faculté de médecine de Lyon, correspondant de l'Institut, était né aux Vans, le 2 décembre 1830, Docteur en 1856, nommé au concours en 1860, chirurgien en chef de l'Hôtel-Dieu de Lyon, il se classa tout de suite dans le monde savant par ses mémoires originaux d'ostéologie.

Il obteint, en 1867, *ex-æquo* avec Sédillot le grand prix de chirurgie de 20.000 francs sur la question de la conservation des membres par la conservation du périoste.

Il publia, en deux volumes, son mémoire, sous le titre de *Traité expérimental et clinique de la régénération des os*, et cette publication lui valut une juste et grande notoriété.

Excellent professeur, habile et prudent opérateur, M. Ollier, qui était commandeur de la Légion d'honneur, laisse plusieurs ouvrages devenus classiques, parmi lesquels il faut citer un livre sur les *résections des grandes articulations* (1870) et son *Traité des résections et des opérations conservatrices* (1885-1890).

Le docteur Ollier était le beau-père de M. Gabriel Bonvalot, l'exploirateur bien connu.

On se rappelle que ce fut lui qui présida à l'opération qu'on fit subir au président Carnot après l'attentat de Caserio.

BIBLIOGRAPHIE

Chez Carré et Naud. — *L'Orientation*, par le docteur P. Bonnier.

Chez Octave Doin. — *Hygiène de la grossesse et des suites de couches*, par le docteur Louis Vorlet (2 fr.). — *Eléments de microbiologie générale*, par M. Nicolle, directeur de l'Institut impérial de bactériologie de Constantinople (4 fr.). — La *Constipation habituelle*, son traitement, par George Herschell, traduit de l'anglais, par Michel Cohendy (2 fr.).

A l'Edition médicale française. — *Comment on se défend contre les maladies d'estomac,* par le docteur Victor Aud'houi (1 fr.). — *Comment on se défend contre les maladies du foie*, par le docteur Henry Labonne (1 fr.).

Chez Hachette. — *La Marine et le Progrès*, par MM. Loir et G. de Caquoray, lieutenants de vaisseau (3 fr. 50).

Chez Charles Lavauzelle. — *Instruction pour les éclaireurs d'infanterie* (0 fr. 75). *Rapport d'ensemble sur la pacification, l'organisation et la colonisation de Madagascar* (octobre 1896 à mars 1899), par le général Galliéni (7 fr. 50). — *L'ancien corps de la marine*, son origine et son évolution, son esprit, par le docteur A. Corre (7 fr. 50). *Campagne de 1866*, étude militaire, par C. de Renémont, tome Ier, opérations en Bohême (7 fr. 50). — *De l'initiative à la guerre et de l'emploi des réserves tactiques*.

Chez Hollier-Larousse. — *Nouveau Larousse illustré*, en sept volumes, publié sous la direction de Claude Augé 205e fascicule (de Frioul à Fumeur) (0 fr. 50). — 206e fascicule (de Fumeuse à Gabrielle) (0 fr. 50).

Chez Armand Colin. — *Chez les Corsaires*, par Ariste Excoffon (3 fr. 50). — *Vers la Vie*, par Charles Recolin (3 fr. 50). — Histoire des Littératures : *Littérature anglaise*, par Edmund Gosse (5 fr.). — *Pages choisies des grands écrivains* : Alphonse Daudet (3 fr. 50) — *Pages choisies des auteurs contemporains* : Paul Bourget.

Chez Masson — Le professeur Dieulafoy signale à l'attention de l'Académie les additions nombreuses et les remaniements qu'il vient de faire à la nouvelle édition — la treizième — de son *Manuel de pathologie interne*, qu'il a entièrement refondue et mise au courant des dernières découvertes scientifiques.

L'éminent chirurgien de l'Hôtel-Dieu traite, dans la première partie, avec son talent habituel et sa lucidité d'exposition bien connue, des maladies de l'appareil respiratoire ; la seconde est consacrée aux affections de l'appareil digestif, la troisième à celles de l'appareil urinaire et du système nerveux, la quatrième, enfin, aux maladies générales et infectieuses.

PETITES ANNONCES

Tout abonné d'un an à *l'Hygiène des Sports*, *a droit à une insertion gratuite de dix lignes de publicité.*

TIRAGE : 20.000 EXEMPLAIRES PAR MOIS.

Le prix de l'abonnement est **d'un franc** pour un an.

Décès, bicyclette route 11 k. payé 350 fr. mai 1900, g. 5 ans, v. occ. — M. Quétaud, 200 r. St-Honoré.

Voiturettes de Dion-Bouton. Pour tout acheteur de modèle de cette année ou de celui de 1901, il est utile de vous adresser à M. Ed. Hurel, 29, rue du 4-Septembre.

12 ch., Panhard et Levassor, de course spéciale légère. Double allumage, brûleurs et électricité, carrosserie, tonneau aluminium de luxe. Boulogne, 40, avenue des Ternes, Paris.

A vendre, une voiture Panhard et Levassor, phaéton capote, 6 ch., parfait état. — S'adr. au garage, Crouan, 51 avenue de la Grande-Armée.

A vendre une voiturette de Dion-Bouton, excellent état, p eus renforcés. — Garage Crouan, 51, av. de la Grande-Armée.

Départ immédiat, quadri perfecta, état de neuf, m. 2 ch. 3/4, As à clins, neuf. — Garage Nogent, le tout 1.350 fr. — Hasenhor, 7, r. des Récollets, Paris.

Joli quadricycle Créanche, m. de Dion-Bouton, m. tr. bien, 800 fr. — M. B. bur. 84.

Désire acheter occ. cap. v. de Dion-Bouton. — Faire offres. Garages N.-Dame, 20, rue Cl.-N.-Dame.

On demande outillage, occasion pour vélo, pressé.— Quadricycle de Dion-Bouton, belle occasion, en très bon état. — Ch. D., 9, rue de Cormeilles, Levallois-Perret.

HOTELS RECOMMANDÉS

Aix-en Provence, **Hôt. Nègre-Coste**, 1er ordre. Eclair. électriq. Garage pour cycles et autos.

Beaune (Côte-d'Or). **Hôt. de la Poste**. Salle de bains. Install. mod. Télép. Garage.

Bordeaux **Gd Hôtel Beeli** 10, r. Voltaire T. C. F. Garage cycle et autos. Lab. photog. Dep. 7 francs par jour.

Dijon **Gd Hôtel du Jura**, pr. Gare. Luxe et confort pour Sportsmen. Garage autos.

Le Havre **Grand Hôtel Frascati** Terrasse sur la mer. Garage pour vélos et automobiles.

Lyon **Grand Hôtel de l'Europe** Spécial aux Sportsmen. — Garage.

Mâcon **Grand Hôtel d'Europe** et **d'Angleterre** Quai Nord, 31, Route des Autos, Grand Garage.

Nice **Hôtel des Deux-Mondes**, 20, r. Paganini. 100 mètres de la gare. 1er ordre. Confort moderne. Garage Bicycl.

Poitiers **Café Hôtel Tribot**. Face la gare. Garage autos et vélos. Déj. et Dîners. Px modérés.

Rouen **Gd Hôtel d'Angleterre**. Tout 1er ordr. Asc. Télép. Elec. Remise avec fosse pour autom.

Ruffec (Charente) HOTEL DESCHANDELLIERS. Récept. amicale aux Sporstmen Spéc. de patés méd. et brevetées.

St-Etienne (Loire) **Hôt. des Arts**, 11, r. Gambetta. Spéc. pour Sporstmen. Garage.

Tours (I-et-L.) Gd HOTEL du FAISAN. Chambre depuis 4 fr. Déj. 4 fr. Dîners 4 fr. 50. Remise 10 °/o aux ab. du vélo.

Villefranche-sur-SAONE. **Hôtel Beaujolais**. Install. mod. Garage Autos.

L'HYGIÈNE DES SPORTS est à la disposition de ses abonnés pour tout achat, à Paris, de livres, machines, etc., au prix de facture *sans majoration.*

NOTRE BIBLIOTHÈQUE

L'Art de se défendre dans la rue (*Boxe, Lutte, Canne, Bâton*), par Emile André... 2 »

L'Art de la Boxe française et de la Canne, de J. Charlemont, édition de luxe......... 10 »

L'Automobile théorique et pratique, de Baudry de Saunier .... 9 »

Collection des Guides Flammarion, le volume .... 1 »

Annuaire général de l'Automobile et des industries qui s'y rattachent, de Thévin et Oury, le volume.................... 10 »

Annuaire français de l'Aviron 1 25
(franco poste)........................ 1 50

Environs de Paris (grande carte à 80 kilomètres, en 3 couleurs, au 1/100.000ᵉ), de Taride. Chaque feuille séparée, sur papier » 75
La même, pliée et sur toile 2 50

Environs de Paris (nouvelle carte à 45 kilomètres, en 3 couleurs, au 1/80.000ᵉ), de Taride. Les 4 feuilles 1 25

Le Livre d'or du Sportsman, par le comte de Mirabal.......................... 12 »

L'Almanach des Sports, 1900 (directeur : Maurice Leudet)................. 1 25

Annuaire général de la Vélocipédie et des industries qui s'y rattachent, de Théven et Oury, le volume........... 10 »

Tirage justifié : **20.000** *exemplaires.*

Le Gérant : Jules VINCENT.

X. PERROUX, IMPRIMEUR, PARIS.

www.ingramcontent.com/pod-product-compliance
Lightning Source LLC
LaVergne TN
LVHW052024160826
845678LV00003B/1194

* 9 7 8 2 3 2 9 6 2 6 1 3 0 *